Die Frau Maïna

Aquarelles

Merci à Elina pour son soutien et sa foi en moi.

Merci à Solène pour sa patience et son écoute attentive.

Merci à Jimmy pour ses conseils.

Merci à chaque cœur bienveillant qui a croisé ma route.

« *L'homme ne comprend pas ton étrange*
détresse ;

L'élan de ta douleur toujours se brise en
vain…

Et, femelle en qui souffre une grande déesse,

Tu rêves au réveil qui te sera divin. »

« La Solitude des femmes »,

Gérard d'Houville

AQUARELLES

Le cœur submergé d'eau salée, je me suis jetée dans le plus sombre coin du ciel, que mes larmes se confondent avec la pluie, que ma peine se noie elle-même, que ma peine me noie elle-même.

Questa sera,

Ho male al cuore,

Ma il cielo mi sorride.

luna crescente

L'automne s'est blotti dans tes yeux.

verts et or

Mais je ne suis pas dans mon assiette. Accoudé à la fenêtre, la mélancolie me guette. Perdu dans ce ciel Océan, méduses aériennes mouvant au gré des vents. Douceurs d'été caressant mon cœur mordu de remords.

Parti sans un mot, sans un silence, sans un regard. Parti pour ne pas l'entraîner dans mon naufrage existentiel. Depuis la nuit où une étoile a brillé. Cette danseuse qui portait trop de choses en elle. Et moi, trop vide. Avide d'amour. Ô vide, terrible Kraken étendant ses tentacules dans tout mon être. Monstrueux mollusque répandant son encre mortelle dans mon esprit craquelé. Alors, à défaut d'ancrage, je suis parti. Tsunami intérieur, les mots m'ont manqué pour lui expliquer.

Ce soir je ne suis pas dans mon assiette. Adossé à la fenêtre, la tristesse me guette. Tsunami intérieur, les maux m'ont noyé. Perdu dans ce ciel Océan, poissons volants voguant au gré des vents. Douceurs d'été caressant mon cœur roué de regrets.

Baignée d'une lave aérienne, la véranda embaumait le jasmin. De minuscules particules de poussière dansaient au rythme du dernier chant des mésanges bleues. Sur la table en osier, les pêches blanches du jardin. Celles-là qui avaient un goût de caramel. Les voiles crémeux accrochés aux baies vitrées étaient tirés pour qu'on puisse voir la vie qui s'animait au dehors. On pouvait apercevoir un jeune chat aussi clair que le lait dévorant un papillon avec lequel il avait joué plusieurs minutes.

La véranda

Poumon percé

Poumon pressé

Pour mon

Amour resté

Perdu dans une enfance inexistante

A jamais.

Femme mais pas tout à faite.

Demi femme.

Une déchirure dans mon ventre

Qui fait que je ne serai jamais

Pleinement

Femme.

Demi femme

Le ciel bétonné au-dessus de moi s'apprête à pleurer. J'accélère le pas, mes joues bravant les gifles glaciales du vent. Je me tords la cheville en descendant du trottoir et m'étale au sol violemment. Soudain, les sanglots du ciel se font ressentir. Il fait si sombre que je ne distingue plus les expressions faciales qui vont et viennent. Petit à petit les méduses victorieuses font luire leur lumière. Illuminant le ciel, elles dansent sur la route. Un bras me relève et disparaît. Sur mes joues, l'eau claire fusionne avec l'eau salée. Cette eau coule jusque sur mes lèvres, mon cou, mes seins. Mon pull noir éponge une partie du liquide. La voute céleste ne fait que s'assombrir. De gris ciment, elle devient noir charbon. Les rugissements des moteurs ont remplacé les gazouillis des mérions.

Le ciel bétonné s'apprête à pleurer

Après cette funeste nuit, l'Univers me promit des jours baignés de clarté. Jamais on n'avait vécu un hiver aussi ensoleillé. C'est qu'il avait senti que dans ce chaos qu'était devenu mon être, l'espoir s'était perdu. De temps en temps il fallait me sortir des abysses. Moi qui oubliais tout, jusqu'à savoir y nager.

Les bleus ne disparaissent pas. Ils changent seulement d'endroit. Ils ne sont plus sur tes bras ni tes jambes, ils s'installent sous tes yeux.

Camaïeu de bleu

Eau de mer sur mes plaies à jamais cicatrisées.

Le bleu de ses iris avait coulé, et, sous ses yeux, s'était installé. Quand elle souriait, un océan violacé presque noir encerclait son regard. Mais je ne l'ai jamais vu si profond – cet océan – que quand elle se croyait être seule.

Aquarelles

Sa jupe rouge sang lui tombait jusqu'aux pieds. Il se reflétait dans ses yeux une aura fantomatique. Elle était quelquefois statique et c'est à ces moments-là qu'elle m'effrayait le plus. Le vide semblait sortir de son visage et vouloir gober tout ce qui se trouvait à proximité d'elle. Elle incarnait le chaos plus que la mort. Sa poitrine devenait squelettique. De sa fragilité émanait une puissance meurtrière. Le désespoir paraissait la retenir de ne pas s'éparpiller en cendres. Et les morts, à côté d'elle, se confondaient avec les vivants.

Elle, monstrueuse

Embaumés de lavande,

Mes rêves flottent au-dessus de mes feuilles.

La lenteur rythme ces jours d'été esseulée.

Et chaque soir, le soleil dévore la terre

Et mon chagrin

Pour qu'à l'aube, il ne reste sur mes mains

Que des pastels, de l'acrylique et du sel marin.

Mes poumons attendent impatiemment l'air iodé

Et je n'ose plus imaginer les jours d'après.

Seul l'Océan a le pouvoir de me rassurer.

De plus en plus dure,

J'apprends de la cruauté de chacun.

Si je pleure c'est mauvais signe ;

Mon corps fait de la place pour le tien.

Sorcière

Dans l'allée de pins, je marche solitaire.

J'avance vers l'océan médusé. Je veux lui dire mes peines,

Qu'il les emporte ou me les fasse avaler.

Peu importe car j'ai trop souffert.

Quoi de plus violent pour mourir qu'un jour d'été ?

Le parfum de ces géants verts embaume mon dernier espoir.

Et quand il fera totalement noir,

Peut-être alors que mes yeux ne chercheront plus la lumière.

L'eau salée, enfin, emportera tous mes maux.

Bercée par le bruit de la pluie, je me réveille doucement. Percée par le souvenir de son absence, je ne fais que penser à lui. Les beaux jours d'été sont derrière nous. Viennent les nuits tempétueuses baignées de larmes. Il pleut. D'être loin de moi, il pleut. Mais notre amour, comme le soleil automnal, brûle nos joues refroidies par l'hiver menaçant. Monstre glacé qui figera notre amour pour un temps.

Dans mon ventre stérile,

Le chaos règne en maître

Empoisonnant chaque cellule

De ce corps mourant.

Dans mon ventre stérile,

Le désespoir règne en traître

Empoisonnant chaque atome

De ce cœur aimant.

En plein hiver,

Solitude et Désespoir

Ont élu domicile

Dans le creux de mon cœur,

Faisant fleurir des chrysanthèmes

Sur mon être.

Si je meurs

C'est que mes dernières forces

M'auront quitté,

C'est que le désespoir aura mangé

Les restes de mon cœur,

C'est que la cruauté

Aura vaincu,

Souveraine,

Mon corps humain.

Ces mots seront les seules

Preuves que j'aurais lutté

En vain.

Mon corps se fige

Fustigé de coups fantômes,

Ombres dévorantes du passé.

Peu importe où je vais,

Je ne pardonne pas aux hommes.

Mes hématomes et mes pleurs m'ont faite nymphe.

De mes entrailles meurtries,

Fleurissent l'espoir et l'amour.

J'abrite le chaos,

J'abrite l'enfer,

J'abrite des chagrins amers.

Je suis la veuve du vivant,

Un fantôme parmi les esprits errants.

Elle est nuit quand il s'agit de ses petits.

Impériale et aux aguets,

Elle dévore le moindre danger,

Cette femme dont le corps ne donne pas la vie.

Toujours,

Dans mon corps croît une colère amère

Où dorment des morts dues

Jamais données.

Dans un froid février s'est fourvoyée ma foi. Fragile et frénétique, elle s'affaiblit étouffée par le frimas féroce dont la fin fera sa force.

J'ai parcouru leurs paysages, à ces poétesses oubliées.

J'ai recherché dans leurs mots et dans leurs silences,

La percée parsemée de pensées

Qui mènerait à ma douce délivrance.

J'ai coloré mes insomnies de leurs vers

En vain dans l'espoir d'être leur pair.

C'est à l'instant du livre refermé

Que ma plume s'est soudain abreuvée

Des lyriques de mon âme,

Dans un mouvement de gratitude pour toutes ces femmes.

Elle a sur son corps immaculé

Des nuits cruelles sans étoiles,

Sauras-tu l'aimer ?

Toi, l'innocent dont l'insouciance

A la douceur sucrée de l'enfance.

Blotti dans un nuage de douceur,

Un petit soleil s'endort.

Ses boucles d'or

Reposent légèrement sur mon cœur.

À un enfant

Regarde-moi dans le cœur,

Mes yeux sont pleins d'orages.

Regarde-moi dans le cœur,

Tes yeux me mettent en nage.

Je m'ouvrirais la gorge pour vous dévorer tous.

Quand tu m'embrasses,

Ta tristesse a le goût de ses lèvres.

Quand tu me caresses,

Ta mélancolie a la forme de son corps.

Quand tu me dis « Je t'aime. »,

Ta voix a l'écho de celle qui te vole mes nuits,

Depuis déjà longtemps partie.

Elle respire dans tes silences,

Heurtant mon cœur amoché.

Tes yeux noyés de déception

Me déchirent le ventre.

Je croyais que tu m'aimais

Nous ne mourrons que pour vivre…

A vos mots

« Nous ne naissons que pour mourir… »,

Antoinette Deshoulières

autumn light

like your golden skin

under my tongue

Je veux m'épanouir sur tes lèvres.

Le sommeil a déserté mes nuits,

Apeuré par cette fumée grise sans étoiles.

Me manque le ciel bleu dans lequel les oiseaux
peignent ton sourire.

Me manque le ciel bleu, celui-là même qui se
cache dans tes yeux.

Derrière les rideaux bleus

De ton regard rempli d'eau,

Tremble un terrible aveu.

Ce regard de mers agitées

Me remue jusque dans mes entrailles.

Cette voix ne fait que me perdre

Où que j'aille.

Comme un mouchoir

Coloré du mascara

Masquant le désespoir

De ma mémoire.

Ciel dégorgeant

Loin des yeux,

Près de ton cœur,

Se blottit le soleil

De ma vie.

Solitude mon amie,

Fidèle et attentionnée,

Tu as veillé sur moi toutes ces années.

Comme une fée,

Assignée à ma vie dès le commencement,

Tu n'as jamais manqué à ton devoir.

Dans les heures claires comme dans les sombres,

Tu t'es rappelée à moi.

Ce soir encore tu es là,

Me laissant dans les bras de ta sœur,

La Mort.

Au loin, brillent les cieux de tes yeux,

Que mon cœur rêve secrètement d'embrasser

Comme on embrasserait Dieu.

Ton front sans nuage orné d'une liberté bouclée
se colle à mon sein timide et réservé. Dans cet
hiver aux allures d'été, flâne le verbe « aimer »
à la recherche d'âmes esseulées.

En pleine campagne, dort une femme grossie par la souffrance. Les brumes de son cœur ont envahi les champs. C'est doucement qu'elle rêve en attendant son heureuse fin. Aucun oiseau ne peut apparaître dans ce brouillard humide. Et pourtant, l'on peut entendre leurs cris en tendant bien l'oreille. Il fait froid toute l'année ici. L'hiver y a élu domicile. La femme, les yeux violacées, respire à peine.

Ceci n'est pas une prière

A celles et ceux dont, enfants,

le monstre

Se trouvait dans la chambre d'à côté.

Ceci n'est pas une prière

A celles et ceux dont, adultes,

Les nuits sont sans sommeil

Hantées par l'horreur et la cruauté.

Can I swim into your eyes ?

I will let you swim into my heart.

Aujourd'hui encore, je vomis la haine que tu as semée entre mes cuisses.

Prières pour celles qui pleurent seules :

Noie ton chagrin dans les larmes,

Jusqu'à ce qu'il étouffe et meurt.

Prière pour les femmes seules :

Dans le silence bleu,

J'écris ces mots

Puisés de mon corps fantôme.

Pour celles dont la peau est froide

Et dont le cœur est baigné de larmes,

J'écris ces mots.

J'ai passé tant de temps dans la colère,

Il semble que je ne sois devenue bonne qu'à ça.

Tu crois que parce que tu es proche de moi, tu vas pouvoir m'écraser.

Chérie,

Je laisse les moustiques m'approcher pour être sûre de les tuer.

GIVERNY

« Le cœur tremblant,

La joue en feu »[1],

Je porte les baisers du soleil sur les épaules,

Flânant parmi les saules.

Ça et là, des rosiers embourbent mes sens.

Je suis d'ici, c'est une évidence.

---

[1] Cécile Sauvage, *Primevère*, 1913.

Le sommeil impossible au cœur du rêve,

Je porte les Nymphéas sous les yeux.

Là, lovés près du vieux moulin bordé de rosiers au parfum doux et enivrant, ils s'aimaient timidement sans qu'aucun mot ne s'échappe de leurs lèvres. Les yeux bavards, ils s'embrassaient du regard.

Comme un navire à la dérive,

J'ai échoué dans cette allée fleurie.

De roses sont mes rêves.

Aussi, chaque fois que leurs parfums

Embaumeront l'air

Que tu respires

C'est de moi, mon amour,

Dont tu t'enivreras.

Là, cachés du réel

Au café des Bleuets,

Il a fait germer dans mon cœur,

Sous une lune de lys

Et par cette nuit de miel,

Une heure bleue parfumée

De la douceur

De ses iris.

Bleue de ses yeux

Table des matières

FSC
www.fsc.org
MIXTE
Papier issu
de sources
responsables
Paper from
responsible sources
FSC® C105338